法国

藏羚羊旅行指南编辑部　编著

北京出版集团公司
北京出版社

图书在版编目（CIP）数据

漫游法国 / 藏羚羊旅行指南编辑部编著 . — 北京：
北京出版社，2016.8
ISBN 978-7-200-12270-1

Ⅰ．①漫… Ⅱ．①藏… Ⅲ．①旅游指南—法国 Ⅳ．
①K956.59

中国版本图书馆 CIP 数据核字（2016）第 160024 号

漫游法国
MANYOU FAGUO
藏羚羊旅行指南编辑部　编著

*

北 京 出 版 集 团 公 司
北 京 出 版 社　出版
（北京北三环中路 6 号）
邮政编码：100120
网　　　　址：www.bph.com.cn
北 京 出 版 集 团 公 司 总 发 行
新 华 书 店 经 销
三 河 市 庆 怀 印 装 有 限 公 司 印刷

*

889 毫米 ×1194 毫米　32 开本　7 印张　230 千字
2016 年 8 月第 1 版　2016 年 8 月第 1 次印刷
ISBN 978-7-200-12270-1
定价：39.80 元
如有印装质量问题，由本社负责调换
质量监督电话：010-58572393

前言

　　夜里的里昂火车站，人潮散去，显得格外冷清。拖着大行李箱，刚一出站，立刻就被黑夜吞没，顿时失去了方向。旅馆距离车站其实不远，只怪路边的游民盯得我们心里恐慌，忙乱中，赶紧找了个路人来问路。

　　很幸运，遇上一位热血青年，他自告奋勇要给我们带路。一路上，他兴致勃勃地描述里昂这座城市有多棒，还像个导游般东指西指认真地讲起历史。老实说，街边的灯光很昏暗，天晓得他指的究竟是什么？而行李越来越沉重了，到底还要多久才会到旅馆啊？

　　就在他滔滔不绝地讲述的过程中，我们已经绕着贝勒库广场逛了一大圈，当然还包括沉重的行李箱，以及背在身上的相机……

　　这是多年前的往事了，年轻人的面孔早已模糊，但始终忘不了他每讲完一段话，总会坚定地补上一句："I love my city."

　　I love my city.

　　是的，就是这股骄傲自信与热情洋溢，吸引无数旅人前来法国寻梦。

　　《漫游法国》首先从带味蕾旅行——法国美食、感受厚重文化——法国世界遗产、体验法式乡野美景——酒乡之旅等几个专题介绍，激发起游客对法国的兴趣，之后再以分区的形式向游客介绍法国各个城市的交通方式、精华旅游景点、住宿美食购物等实用信息。不论是在旅行前做攻略还是正在旅途中游玩，本书都会对读者起到指导性的作用。

目录

contents

目录
contents

法国美食

味蕾
之旅

法国人对饮食艺术有极高的品位，国内的名菜多不胜数，包括鹅肝酱、海鲜、蜗牛等。每一道菜都有其独特的烹调方法，精致又美味。对于著名菜肴食客们大都比较熟悉，这里介绍一些法国更本土、接地气的特色美食。在法式浪漫旅途中让味蕾也收获更多惊喜吧！

迪南 哈纳可丽饼 Crêperie

　　可丽饼是来自布列塔尼的传统料理，由于本地区靠海且经济状况较差，烹调时为了在节省面粉与达到饱足感之间获得平衡，聪明的布列塔尼人就在薄薄的面皮上加上各种食材一起烹调，这就是可丽饼的由来。在布列塔尼各地都拥有小巧的可丽饼专卖店，甜咸皆有，口味多达数十种。这种正宗可丽饼吃起来脆中带软，口感独特，搭配特殊酱汁与地道的淡苹果酒（Cidre），更具吸引力。

阿娜可丽饼店 Crêperie Ahna

🏠 7, Rue de la Poissonnerie

🚌 从迪南游客服务中心步行前往，10~15 分钟可达

☎ 02 9639 0913

马赛　马赛鱼汤 Bouillabaisse

专卖马赛鱼汤的餐厅大多分布在马赛码头附近。餐厅常使用龙腾鱼、海鲂、海鳗、红鲂和鲱鲤等6种鱼类，再加入安康、淡菜和马铃薯等配料烹煮而成。喝完汤后，接着就是主菜，所有的海鲜和配料会淋上鱼汤整盘上桌。

美丽华 Le Miramar

这家美丽华是当地最有名的马赛鱼汤店。只要对侍者说出马赛鱼汤的法文"Bouillabaisse"就能完成点菜动作。

🏠 12, Quai du Port
🚇 搭地铁1号线于 Vieux-Port 站下，步行约3分钟可达
☎ 04 9191 1040
💰 马赛鱼汤套餐约58欧元
🌐 www.bouillabaisse.com

艾克斯　可利颂糖 Calissons

来到艾克斯，千万不要错过当地的特产——可利颂。圆菱船形的可利颂融合了40%杏仁和60%的瓜果或橘类水果干，再外覆糖霜制成，颜色淡黄有点像软糖，吃起来富有弹性且不黏牙，带有杏仁和甜瓜的香气。在艾克斯可找到许多卖可利颂的店家，价格大同小异，100克3~4欧元。

布雷蒙 Calissons Brémond

此店开于1830年，在当地是历史最久的一家，店内卖的可利颂甜度适中，适合中国人口味。

🏠 16 ter, Rue d'Italie
☎ 04 4238 0170

科尔马尔　阿尔萨斯的地道面包

　　奶油圆蛋糕咕咕霍夫（Kouglof）和8字形椒盐脆饼（Bretzel）是阿尔萨斯很常见的糕点。德文原意为"圆球"的咕咕霍夫造型中空呈螺旋状，外皮金黄内部松软，利用面粉、牛奶、鸡蛋和酵母做成，通常还会混合浸泡过兰姆酒的葡萄干。

　　据说早期作为祭祀圣物的椒盐脆饼（Bretzel），形似一只围绕着十字架的戒指，而造型正如其名，椭圆形的金黄色面皮圆环包围着8字形，其粗涩的口感使它成为最佳的午后甜点及零食。

尼斯　酥卡 Socca

　　尼斯传统市集常有售卖尼斯传统食物酥卡的摊贩，酥卡是一种类似比萨的薄饼，用鹰豆磨粉加入橄榄油做成，加上蔬菜或肉，又香又脆，是尼斯人最爱的点心。还有一种称为 Farci 的包菜卷，是以橄榄油烹调的可口小菜，在路边小店或市集摊位都可买到。

尼斯地道南法菜 l'Escalinada

　　从 1960 年开设至今的 l'Escalinada，供应的是典型地道的南法菜，平价消费，深受内行美食家喜爱。店家的招牌菜 La Ribambelle de l'Escalinada 点一份就足够两人食用。至于主菜，推荐一道尼斯传统料理——马铃薯焖牛肉（Daube de Boeuf, pâtes fraîches），以当地红酒炖煮，香浓却不黏腻，让人爱不释口。

🏠 22 Rue Pairolière
🚌 从游客服务中心步行前往，8~12 分钟可达
☎ 04 9362 1171
💴 每人平均消费 35 欧元
🌐 www.escalinada.fr

亚洲小食 Operasie

这是由一对华人夫妻开设的小店，位于老佛爷百货附近，许多内行的亚洲人在逛完街后，都会来这里尝一下好味道。最为推荐的是老板以特殊香料调味的牛肉面，清爽不油腻。另外还有猪脚面、炸酱面，也值得一尝，价格很公道，因此它不仅深受中国人喜爱，许多法国人或观光客也会慕名而来。

🏠 10 Rue du Helder
🚇 搭地铁 7、9 号线于老佛爷（Chaussee d' Antin La Fayette）站下，步行约 5 分钟可达
☎ 01 4770 7587
💴 7 欧元起

每日面包 Le Pain Quotidien

位于蓬皮杜文化艺术中心附近的每日面包（Le Pain Quotidien）是一家专卖糕饼的精致面包店，可颂、长形棍状面包、甜味丹麦派等，应有尽有，还有自制的果酱，口味独特。除了面包糕饼，这里的三明治、生菜色拉和咖啡也很可口。

🏠 18~20 Rue des Archives
🚇 搭地铁 1 或 11 号线在市政厅（Hotel de ville）站下，出站后往里沃利路（Rue de Rivoli），会找到和档案馆街（Rue des Archives）的交叉口
☎ 01 4454 0307
💴 面包 0.80~1.25 欧元、三明治套餐 8 欧元起、咖啡 2 欧元起

里昂　里昂的小酒馆 Bouchon

　　在法国，只要提到小酒馆，大家都知道这是在说里昂的小酒馆，在这里，售卖的不仅是传统的里昂美食，更有纯朴亲切的醇厚人情。里昂在法国历史上的商业与交通枢纽地位，为它带来过路人潮，相传小酒馆就是在此环境下应运而生。小酒馆里没有制式菜单，只有今日最新鲜的家常菜，通常从黑莓乳状甜酒(Crème de cassis)开始，再搭配绿色扁豆(Lentille)、红色腊肠(Saucissons)、土豆色拉和芥末酱，就是最地道的前菜。在小酒馆点酒，递来的红酒都被装在名为壶(Pot)的酒瓶里。这种容量为46毫升的壶，外形和一般葡萄酒瓶并无差异，但是有3厘米厚的特制瓶底。里昂的壶酒自中古世纪开始流传，容量随着年代不同而有变化，现在的酒瓶规格是在19世纪被固定的，已有150年以上的历史。

联盟咖啡 Café des Fédérations
🏠 10 Rue du Major Martin
☎ 04 7828 2600
🌐 www.lesfedeslyon.com

里昂酒吧 Le Bistrot De Lyon
🏠 64 Rue Merciere
☎ 04 7838 4747
🌐 www.leondelyon.com

拉希加勒 La Cigale

1895 年开业的拉希加勒，是南特名流雅士最爱的海鲜餐厅，新鲜的生蚝、虾贝展示在入口处任客挑选，踏入餐厅后则是华贵的装潢，水蓝与纯白相间的马赛克瓷砖，由墙面一路延伸至天花板，尤其以瓷砖拼贴的蝉图腾更是随处可见。希加勒（Cigale）在 1964 年被列为保护古迹，至今招待过无数政客、名人。

🏠 4,Place Graslin

🚌 从费杜（Feydeau）岛的游客服务中心步行，5~10 分钟可抵达餐厅。或搭乘轻轨电车 1 号线在媒体中心（Mediatheque）站下，步行 3 分钟可达

☎ 02 5184 9494

🌐 www.lacigale.com

拉沙佩勒 La Civelle

拉沙佩勒餐厅位于 Trentemoult 区，紧邻卢瓦尔河南岸，可欣赏美丽的夕阳，每到傍晚，便吸引许多上班族或年轻人来此小酌、大啖海鲜。堪称本店招牌的海鲜拼盘(Plateau de Fruits de Mer)，以生猛海鲜为食材，必须在 48 小时前来电预约，再搭配南特最出名的蜜思嘉白酒(Muscadet)，就是最地道的吃法。

🏠 21,Quai Marcel Boissard-Trentemoult

🚌 位于卢瓦尔河南岸的 Trentemoult 区，建议由市区搭出租车前往，车程约 10 分钟

☎ 02 4075 4660

传统正式法国料理

克里斯蒂安·艾蒂安 Christian Étienne

名列米其林一星的克里斯蒂安·艾蒂安是阿维尼翁最好的餐厅，提供传统正式的法国料理。经营者即为主厨的克里斯蒂安·艾蒂安，其本身就是专业美食家，也出过很多食谱，擅长利用当地食材，创造出口感丰富的佳肴，譬如烤鸭酱料柠檬汁面包这道菜，将烤鸭以中火烹调后，搭配自家调制的酱料、柠檬汁和面包，看似简单，吃起来肉质外脆内嫩，令人回味无穷。

这里还推出多种套餐，如果没有预算上的考虑，松露套餐（Menu Truffes）是最好的选择。

🏠 10, Rue de Mons

🚌 从阿维尼翁游客服务中心步行前往，8~10 分钟可达

☎ 04 9086 1650

💰 前菜 18~32 欧元、主菜 30~50 欧元、点心 18 欧元、套餐 35~150 欧元

🌐 www.christian-etienne.fr

感受厚重文化
法国世界遗产

说法国是世界遗产的黄金之国一点也不过分，在这块五角形的国土上，密布着 33 个被视为人类文化精华的遗迹。从古罗马时代到近代，不只是令人赞叹的奇景，还能从中体会历史的流动、文明的进程与智慧的累积。

1 比利时和法国的钟楼群
Belfries of Belgium & France
- **2005 年，文化遗产**

　　建于 11—17 世纪，法国境内的 23 座钟楼与比利时境内的 32 座钟楼，呈现了罗马、哥特、文艺复兴和巴洛克时期不同风格的建筑。同时，一座城镇能拥有钟楼，也是权力与财力的象征。

2 勒阿弗尔
Le Havre
- **2005 年，文化遗产**

　　在物资匮乏的第二次世界大战后，建筑师奥古斯特·贝瑞（Auguste Perret）使用混凝土对这座位于诺曼底的城市进行重建，大量三层楼高的集体建筑，成了新建市区最具规模的景观，兼具传统与现代的城市风格。

3 亚眠大教堂
Amiens Cathedral
- **1981 年，文化遗产**

　　位于皮卡第区（Picardie）心脏位置的亚眠大教堂，是 13 世纪最大的古典哥特式教堂。教堂的成列雕像与浮雕是精华所在，在西面的国王廊有 22 座代表法国国王的巨像。

4 圣米歇尔山
Mont Saint-Michel
- **1979 年，文化遗产**

　　山上建于 11—16 世纪的修道院，远观犹如一座海上圣山。此处也以潮汐落差闻名，满月和新月的 36 ~ 48 小时之后，宁静沙洲与汪洋大海只在一线之隔，蔚为奇观。

5 兰斯大教堂
Cathedral of Notre Dame, Reims
- **1991 年，文化遗产**

　　曾有 25 位法国国王在此加冕，教堂正面的左侧门上有 1 座"微笑的天使"雕像，被认为是兰斯市的地标。一起被列入《世界遗产名录》的还有前圣雷米修道院（Former Abbey of St-Remi）及昔日兰斯大主教的宅邸朵皇宫（Palais du Tau）。

6 普罗万
Provins
● **2001 年，文化遗产**

普罗万在中世纪时期，曾为香槟公爵领土的防御型城镇，上城区至今仍被 12 世纪保留下来的城墙所围绕。这里也见证了国际羊毛产业发展的历程。

7 塞纳河岸
Paris, Bank of Seine
● **1991 年，文化遗产**

从卢浮宫到埃菲尔铁塔，从协和广场到大小皇宫，塞纳河 (Seine) 畔见证了巴黎的历史演进。1853 年，拿破仑三世时代的塞纳马恩省省长欧斯曼男爵 (Haussmann) 改造了巴黎，这项大工程对 19—20 世纪发展的都市计划，有重大影响。

8 凡尔赛宫
Versailles
● **1979 年，文化遗产**

1677 年，路易十四宣告宫廷和政府机构转移到凡尔赛宫，自此浩大的建设工程便全面展开，成为法国史上最豪华的宫殿城堡，路易十六与玛丽皇后曾在此耽溺享乐。大革命之后再没有任何一位统治者敢于凡尔赛宫执政。

9 夏特尔大教堂
Chartres Cathedral
● **1979 年，文化遗产**

建于 1134—1260 年的这座教堂，是欧洲哥特式建筑的最佳典范之一，教堂内的 176 片彩绘玻璃，多数是从 13 世纪保存下来的，算是欧洲中世纪最重要的作品之一。

10 枫丹白露
Fontainebleau
● **1979 年，文化遗产**

枫丹白露坐落于大巴黎近郊的森林，占地170 平方千米，曾是法国历代统治者的行宫之一，也是国王们狩猎时最爱下榻的皇家寓所。

11 南锡，斯坦尼斯拉广场
Place Stanisals, Nancy
● **1983 年，文化遗产**
　　18 世纪的洛林公爵斯坦尼斯拉·雷克金斯基 (Stanislas Leszczynski, 国王路易十五的岳父)，美化了这座洛林省的首府，因此成为城镇规划黄金时代的典范，在广场上可看到他的雕像。

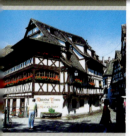

12 大岛，史特拉斯堡
Grande Ile，Strasbourg
● **1988 年，文化遗产**
　　被莱茵河支流包围的小法国区 (Petite France) 又称作"大岛"，此区满载了建城 2000 年来的历史、文化与生活，河边分布着被红花缀满的典雅半木造屋。

13 丰特奈修道院
Abbaye de Fontenay
● **1981 年，文化遗产**
　　1112 年，勃艮第的贵族青年贝纳 (St. Bernard) 加入了西多会 (Cîteaux)，选择在此处僻静的森林，建立一所与世隔绝的修道院，修士们在此过着清苦的生活。

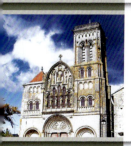

14 韦兹莱教堂与山丘
Vézelay Church & Hills
● **1979 年，文化遗产**
　　圣玛德莲长方形教堂 (St.Mary Magdalenele) 坐落于勃艮第的韦兹莱山丘，宣称拥有玛丽·玛德莲 (Marie Madeleine，即抹大拉的玛利亚) 的圣骨，此处也是圣地亚哥朝圣路线的交会点之一。

15 布尔日大教堂
Bourges Cathedral
● **1992 年，文化遗产**
　　布尔日之圣艾蒂安大教堂，建于 12—13 世纪，标示着法国哥特艺术的巅峰，被视为令人赞叹的杰作。

16 卢瓦尔河谷地
The Loire Valley
● **2000 年，文化遗产**
　　北至叙利 (Sully-sur-Loire，靠近奥尔良)，西至沙洛讷 (Chalonnes，靠近昂热) 的一大块卢瓦尔河谷地，是人文遗产名单上少见的区域指定保护形态，早在 1981 年，该区的香波堡就已被列名。

17 圣萨万教堂
Abbey Church of St. Savin
● **1983 年，文化遗产**
　　这座建于 11 世纪的修道院教堂，拥有哥特式的细长尖塔与庞大中殿，内部有欧洲最壮观的 12 世纪仿罗马式系列壁画，描绘从"创世记"至"十诫"的《圣经·旧约》故事。

18 萨兰莱班－阿尔克塞南盐场
Royal Saltworks of Arc-et Senan
● **1982 年，文化遗产**
　　创建于路易十五时期的盐场，其实是一个理想市镇园，以主要建筑为核心，其他设施在周围以同心圆方式往外扩散，展示了工业时期的建筑特色与启蒙时代的文明进程。

19 里昂旧城区
Historic sites of Lyons
● **1998 年，文化遗产**
　　里昂的旧城区 (Vieux Lyon)，是继布拉格之后，第二个被列名的大范围古城区。

20 韦泽尔谷岩画洞群
Prehistoric sites and Decorated Caves of Vézère Valley
● **1979 年，文化遗产**
　　韦泽尔谷地包含 147 个史前遗迹与 25 个装饰洞穴。在洞穴壁画上呈现了狩猎的景致，还能看到约 100 个动物形体，栩栩如生的细节与丰富色彩，极具价值。

21 圣地亚哥之路
Routes of Santiago de Compostela
● **1998 年，文化遗产**

　　中世纪时，数百万名基督徒前往西班牙的圣地亚哥朝拜圣雅各布 (St.Jacques) 的圣骨匣。他们希望通过旅程得到救赎，并带回象征圣雅各布的扇贝。在横跨法国的途中，于某些集合点和歇脚的庇护所留下了足迹。

22 圣埃米利永管辖权
Jurisdiction of Saint-Émilion
● **1999 年，文化遗产**

　　圣埃米利永几乎就是上等波尔多红酒的代名词，它的起源从 8 世纪的埃米利永隐士开始，他为自己挖的隐修岩洞，到了中世纪发展成小镇，之后更成了国家级产酒区。

23 古罗马剧场与凯旋门
Roman Theatre and Triumphal Arch of Orange
● **1981 年，文化遗产**

　　立面达 103 米宽的欧红橘剧场，是世界上保存最好的古罗马剧场之一，而凯旋门则是奥古斯都统治期间的遗迹之一，建于公元 10—25 年。

24 加尔桥
Pont du Gard
● **1985 年，文化遗产**

　　具有 2 000 年历史的水道桥，全长 17 千米，部分筑于地下的引水渠，将于泽斯（Uzès）一处泉水输送到尼姆 (Nîmes)，而水道桥为主要连接部分。

25 阿维尼翁古城
Historic Centre of Avignon
● **1995 年，文化遗产**

　　14 世纪，教皇从罗马逃往阿维尼翁，进驻这座教皇宫 (Palais des Papes)，期间经历 7 位教皇，直到 1376 年才迁回。

26 阿尔勒，古罗马遗迹
Arles, Roman & Romanesque Monuments
● **1981 年，文化遗产**

作为中世纪欧洲文明化的古都，阿尔勒是一个极佳的例证。它留下重要的罗马遗迹，如古罗马竞技场和剧场、红城墙、君士坦丁浴池等。

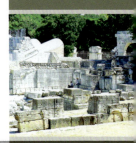

27 卡尔卡松
Carcassonne
● **1981 年，文化遗产**

位居伊比利亚半岛与其他欧洲地区的走廊地带，12 世纪，特宏卡维家族 (Les Trencavels) 在本市建造城堡与大教堂，保存完整的城廓相当值得一去。

28 南运河
Canal du Midi
● **1996 年，文化遗产**

长达 360 千米的南运河，连接地中海与大西洋的水路，光是水闸、渠道、桥梁等复杂系统就有 328 个组件。建于 1667—1694 年，是现代最惊人的土木工程之一。

29 佩尔迪山
Pyrenees-Mont Perdu
● **1997 年，文化 & 自然遗产**

横跨法国与西班牙的佩尔迪山，包含两个欧洲最大且最深的峡谷，以及 3 个主要的圆形谷地。从这块山区能观察到昔日欧洲的山间农业与村落文化。

30 波尔托湾
Gulf of Porto
● **1983 年，自然遗产**

此地位于科西嘉岛 (Corse) 的西侧，属于区域自然公园的一部分，高达 300 米的红色花岗岩岸伸入海中，被誉为地中海最美丽的海湾之一。

31 波尔多月亮港
Bordeaux, Port of the Moon
● **2007 年，文化遗产**
　　波尔多城内拥有众多源自 18 世纪的豪华建筑，保存完善，形似弯月的加隆河沿岸也整修得美丽动人，因此以月亮港（Port of the Moon）之名列入《世界遗产名录》。

32 沃邦要塞
Fortifications de Vauban
● **2008 年，文化遗产**
　　沃邦（Sébastien le Prestre de Vauban，1633—1707 年）是路易十四统治时期的军事工程师，他不仅在法国境内修建了 33 座巨大城堡，还陆续改建 100 多座要塞。其中，分布于法国西、北、东部的 12 组堡垒建筑物，被列入《世界遗产名录》。

33 新喀里多尼亚珊瑚礁生态
Lagoons of New Caledonia：Reef Diversity and Associated Ecosystems
● **2008 年，自然遗产**
　　位于太平洋上的新喀里多尼亚群岛（Archipelago of New Caledonia），拥有 3 处独特的珊瑚礁生态景观系统，由热带潟湖、红树林、丰富多样的珊瑚和鱼群种类等元素组成，为海龟、鲸鱼、儒艮等生物提供了良好的栖息地。

34 阿尔比主教城
Episcopal City of Albi
● **2010 年，文化遗产**
　　13 世纪时，教皇与法国国王联手对抗以阿尔比为发源地，盛行于法国朗格多克地区的卡塔尔教派（Cathars），于圣战后在当地兴建了一座主教宫（Palais de la Berbie）、宏伟的堡垒和高耸的圣塞希尔教堂（Cathedral of Sainte-Cécile）。该主教城洋溢着南法独特的哥特式风格，象征着中世纪建筑与城市发展的巅峰。

35 留尼汪的山峰、冰斗与峭壁
Pitons, cirques and remparts of Reunion Island
● **2010 年，自然遗产**
　　位于印度洋上的火山岛留尼汪，属于法国的海外行省，位于莫里西斯群岛和马达加斯加岛之间，其列入《世界遗产名录》的山峰、冰斗与峭壁，主要位于留尼汪国家公园（La Réunion National Park）的核心区域，境内拥有大量的陡峭绝壁、树木丛生的峡谷和盆地，展现了特殊的生态景观。

体验法式乡野美景

酒乡之旅

　　法国生产葡萄酒的历史悠久，是世界著名的葡萄酒产地。这里也是许多美酒的故乡，来到法国旅游，体验一下酒乡文化是不可错过的，不但可以欣赏到法式的浪漫田园风光、葡萄庄园盛景，还能去酒庄感受美酒的历史文化，了解制作过程，更能品尝地道美酒。这里主要推荐阿尔萨斯与勃艮第的美丽酒乡。

科尔马尔
Colmar

　　科尔马尔是阿尔萨斯三大城市中最小的，却是阿尔萨斯葡萄酒乡之路的中心首府，由于位在孚日山脉（Vosges）和莱茵河的中点，因此有许多法国中央单位的行政代表居住在此。这是一座被彩色半木造屋和蓝色小河所包围的清新小镇，利用孚日山脉粉红色砂岩所建造的教堂和建筑，在阳光照射下更显光彩。

艾古斯汉
Eguisheim

　　位于科尔马尔西南方 5 千米的艾古斯汉，是阿尔萨斯最古老的村落之一，今日的小镇中心在 8 世纪时曾是防御城堡，教皇圣里奥九世就在这里诞生，并在小礼拜堂受洗。步行到大教堂，可欣赏 13 世纪的钟塔，被半木造屋包围的小巷"壁垒南路"(Rue Rempart Sud) 是小镇里最美的区域，在此可见识到艾古斯汉获得"全法花卉城市竞赛"最高荣誉"4 朵花"的秘密。紧紧相邻的木造屋，拥有粉蓝、鹅黄、乳白等不同色彩的石墙，雕上镰刀的房舍是葡萄农家，雕上十字的就是在教会工作的人士的居所。

利克威尔
Riquewihr

　　利克威尔是被葡萄园包围的小镇，由于地势较低，从城里的巷道往外望，就是绿油油的葡萄园山坡。步行路线从市政厅开始，沿着戴高乐将军街慢慢走，这条路上分布了数栋有钱人家的精美房屋，如 1606 年之屋等，门牌 14 号的天际屋 (Le Gratte-ciel) 则有"阿尔萨斯最高木造屋"的称号。此外，阿尔萨斯画家汉希的博物馆也在这里。转进皇冠街，可看见每家餐厅都挂有别具巧思的铁制招牌，从辛茨海姆街往第一军街走，又是另一番天地，被称为斯特拉斯堡庭院 (Cour de Strasbourg) 的房屋群，是古代葡萄园中心建筑的典型代表，每当主教到当地收税时，就会居住在此。

凯斯堡
Kaysersberg

这里不仅是葡萄美酒的故乡，也是军事重镇。由于位于河谷的凯斯堡可控制谷地的内进外出，基于战略考虑，建造了一座居高临下的城堡。曾获得诺贝尔和平奖的史怀哲医生就出生在凯斯堡,他的故居已成博物馆。而镇中心的威思河(La Weiss)上跨着建于 16 世纪的堡垒桥，位于桥旁的半木造屋建于 1594 年，包括各种阿尔萨斯建筑的形式，例如尖顶、窗台和哥特式交叉装饰，美丽典雅的原貌保留至今，实属难得。

希柏维列
Ribeauville

以酿制雷司令白酒闻名的希柏维列，每年 9 月第一个周日会举行传统节庆"乐师节"(Pfifferdai)。流传至今已有 600 年历史的乐师节，是音乐家为了向领主表示臣服的历史节庆，位于格兰德街的古若广场上还有乐师节的壁画。广场旁的乐师节小酒馆，在突出的屋台上刻着圣母玛丽亚的木雕，相当罕见。作为镇上代表性地标的钟塔建于 13 世纪，昔日的肉贩多居住在钟塔两旁。过了塔下方即为上城，风景优美。让·希普 (Jean Sipp) 是希柏维列最广为人知的酒商，从格兰德街转进博爱街之后，即可找到让·希普的酒窖，有兴趣的话不妨入内参观试饮。酒窖的光线与色彩说不定会给你的摄影增添不一样的感觉。

夜丘
Côte de Nuits

位于第戎市南方的黄金山丘是勃艮第酒区的心脏地带，由北边的夜丘区及南边的博讷丘区组成，重要的酒庄及葡萄园都分布于 RN74 国道沿线。每到采收季节，成熟的葡萄叶会将整片坡地铺成金黄色，因此得名。夜丘区出产的红葡萄酒比博讷丘区的浓郁淳厚，而几乎所有的白葡萄酒都由博讷丘区生产。

博讷
Beaune

在 14 世纪以前，博讷一直是勃艮第公国的首都，直到"无畏的约翰"（Jean Sans Peur）受封勃艮第，才将首都迁移到第戎。曾经繁华一时的博讷保留了完整的中世纪城墙和街道，也是勃艮第葡萄酒区的重镇。博讷市本身属于黄金山丘地区的村庄级 AOC，城西则有一级和地区性 AOC 的葡萄园。拥有 0.58 平方千米的顶尖葡萄园，生产最佳的葡萄酒，而每年 11 月的第三个星期日所举行的葡萄酒公开拍卖大会，则是法国葡萄酒界的大事。

巴黎

精华景点

国际香水博物馆 (Musée International de la Parfumerie)

🏠 2, Blvd. du Jeu de Ballon

🚌 从游客服务中心步行前往，3～5分钟可达

☎ 04 9705 5800，04 9705 5801

🕐 6—9月周一至周日 10:00-19:00，10月至次年5月周三至下周一 11:00-18:00

¥ 门票全票3欧元、半票1.5欧元，10岁以下免费。可使用博物馆护照

🔗 www.museesdegrasse.com

必游之地 MUST-VISIT PLACES

　　国际香水博物馆是以一座14世纪的古堡改建而成，占地约3 500平方米，只要沿着博物馆规划的5个展区依序参观，就能对香水的历史、制作过程、花卉原料的采集、萃取过程及市场营销有个基本的认识。而展示的内容包括各国上万件如香料、化妆品、香皂、香水瓶和容器等收藏品，如法国第一瓶香水、全世界各种造型独特的香水瓶，甚至玛丽·安托瓦内特皇后在法国大革命逃难时所带的旅行箱。博物馆也规划了闻香室、视听室、表演活动、亲子生日派对、DIY活动等区域，让参观者可通过互动方式更加了解香水艺术。这里还设有温室花卉区和露天庭院，漫步其中，可以感受小镇恬静的自然气息。

普罗旺斯博物馆
(Musée d'Art et d'Histoire de Provence)

- 2, Rue Mirabeau
- 从游客服务中心步行前往，3~5 分钟可达
- 04 9705 5800
- 6—9 月周一至周日 10:00-18:30，10 月至次年 3 月周三至下周一 10:30-12:30、14:00-17:30
- 门票全票 3 欧元、半票 1.5 欧元，展览期间全票 4 欧元、半票 2 欧元；10 岁以下儿童免费。可使用博物馆护照
- www.museesdegrasse.com

星级推荐

普罗旺斯博物馆原属于卡拉琵·卡布里夫人所有，她出身于 18 世纪格拉斯最富裕的家族之一，现在馆里展示着 18—19 世纪末普罗旺斯地区妇女的服饰，完整地重现了当时各阶层妇女的衣着文化。当时普罗旺斯地区的穿着充满乡村情调，比如手工编织裙、印着花草图案的棉制衣物、手工刺绣披肩、造型特殊的帽子、丝织长筒袜等。而妇女们所佩戴的首饰，从项链、胸针到耳环，无不色彩明亮、造型多变，如果喜欢这种饰品，可在馆内买到仿制的纪念品。

莫莲娜香水坊
(Parfumerie Molinard)

- 60, Blvd. Victor Hugo
- 从游客服务中心步行前往，15~20 分钟可达
- 04 9242 3311
- 参观香水坊门票免费，香水制作课程 1.5 小时 40 欧元
- www.molinard.com

星级推荐

莫莲娜香水坊是一栋充满普罗旺斯风情的白色楼房，进入之后，会有导游带领你有序地参观。首先是香皂的制作，在这里可以看到工作人员如何利用花卉做出香皂；接着是参观香水制作过程，包括如何将玫瑰、茉莉、佛手柑等鲜花，以及油脂、酒精等原料加以提炼、蒸馏和萃取，制成让人神魂颠倒的香水；最后来到精品区，从香皂、香水到周边商品琳琅满目，送礼自用两相宜。莫莲娜亦提供香水制作课程，只要花 1.5 小时，就能创造出属于自己独一无二的香水。

嘉丽玛香水坊
(Parfumerie Galimard)

🏠 73, Route de Cannes
🚌 可搭巴士 600 号于 Quatre Chemins 站下
☎ 04 9309 2000
¥ 参观香水坊门票免费，香水制作课程 2 小时 45 欧元
🌐 www.galimard.com

　　嘉丽玛香水坊成立于 1747 年，外观现代感十足，一走进门内，便可选择法语或英语导览，随着导游循线参观，通过解说，彻底融入香水世界。而在精品店里，则可买到以嘉丽玛（Galimard）为名的各式香水、香精、香皂等商品。最有趣的是参加香水制作课程，坐在摆满数十种香水的工作平台前，首先要决定做男性还是女性香水，之后调香师便请你从 5 种（男性）或 9 种（女性）基底香味家族中选出两种味道。接下来，就不断以这两种家族所延伸的香精，再挑选喜欢的味道，以每次 5～15 毫升的容量做调和动作，反复几次直到调 100 毫升的香水，就算大功告成，整个过程约 2 小时。结束后，除了获颁证书，还可以将这瓶属于你自己的香水带回家。

弗拉哥纳香水坊
(Parfumerie Fragonard)

🏠 20, Blvd. Fragonare
🚌 从游客服务中心步行前往，3~5 分钟可达
☎ 04 9336 4465
¥ 参观香水坊门票免费，香水制作课程 2.5 小时 49 欧元
🌐 www.fragonard.com

　　在这里，除了参观调香师如何调制香水，还可以参加芳香疗法（Aromatherapy）课程，先以幻灯片介绍每种精油的功效，再针对自己的需要，调出独一无二的精油。最后到大卖场选购芳香产品，从香水、香皂、沐浴香精到化妆品，均使用天然材料制成。位于香水坊旁边的 Fragonard 是一家弗拉哥纳香水直营店，除香水外还出售当地特有的普罗旺斯棉布、绘有可爱插画的食谱、果酱等，叫人爱不释手。

阿维尼翁

　　阿维尼翁位于法国东南部，是沃克吕兹省的首府。阿维尼翁是普罗旺斯最热闹的城市之一，同时也是欧洲的艺术文化重镇。

　　从火车站出来，第一眼就看到阿维尼翁的长约 5 千米的古城墙。现在墙的高度仅有从前的一半，能够将整个阿维尼翁城环抱起来。大部分城墙建于 14 世纪，城墙外则是源远流长的隆河。这个充满古老气息的城镇，隐身在小巷街道中的建筑、古迹、教堂、钟楼、博物馆非常多，很适合在此散步细细品味。

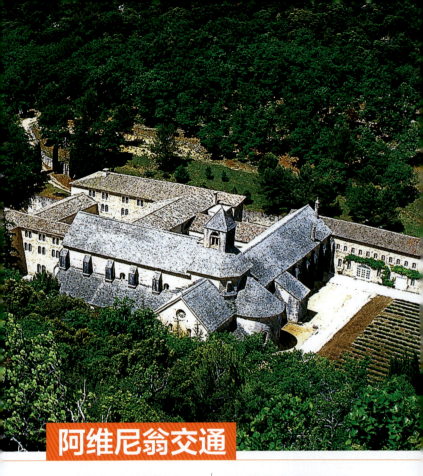

阿维尼翁交通

如何到达——飞机

从巴黎可搭乘飞机到达阿维尼翁古蒙机场（Aéroport Avignon-Caumont），飞行时间约1小时10分钟。

 04 9081 5151

🖥 www.avignon.aeroport.fr

从机场到市区

市区位于机场西北方约8千米处，目前没有太方便的交通工具可提供往返，需搭出租车前往。

💴 **出租车约15欧元**

如何到达——火车

从巴黎市区的里昂车站可搭火车直达阿维尼翁火车站（Gare Avignon Centre），车程约3小时30分钟，每天约4班；或搭TGV直达阿维尼翁TGV车站（Gare Avignon TGV），车程约2小时40分钟，每天约13班。

从巴黎夏尔·戴高乐机场可搭乘TGV直达阿维尼翁TGV车站，车程约3小时10分钟，每天约1班。

从马赛圣查理火车站可搭乘火车直达阿维尼翁火车站，车程约 1 小时 30 分钟，每天约 20 班；
或搭 TGV 直达阿维尼翁 TGV 车
站，车程 27~36 分钟，每天约 23 班。

从戛纳火车站可搭 TGV 直达
阿维尼翁 TGV 车站，车程约 2 小
时 30 分钟，每天约 6 班。

🌐 www.sncf.com

    www.gobytrain.com

从火车站到市区

阿维尼翁有两个火车站，一个
是阿维尼翁火车站，位于市区，从
火车站出来后，往前走即可进市区；
另一个是 TGV 车站，从车站出来
后需至左前方的巴士站搭乘接驳巴
士前往市区（中间会停靠 Bonne
Fleur 一站），巴士固定时间发车，
13~40 分钟 1 班，车票可于车上
购买。

💴 TGV 车站至市区巴士约 1.2
    欧元

如何到达——巴士

可从阿尔勒搭巴士前往，车程
约 1 小时 30 分钟；或从马赛搭巴
士前往，车程约 2 小时。

从巴士站到市区

从巴士站门口往左前方走，即
可进城。

市区交通

步行

阿维尼翁市区内虽有巴士，但
大部分景点皆徒步可达。

巴士

可从阿维尼翁巴士站搭车前
往周边城镇。如阿尔勒 (Arles，
车程 1 小时 30 分钟)、艾克斯
(Aix-en-Provence，车程 1 小时)、
马赛 (Marseille，车程 2 小时)。

阿维尼翁巴士站

🏠 Blvd. St-Roch

🚌 从阿维尼翁市区火车站门口往
    右方前行，3~5 分钟可达

☎ 04 9082 0735

💴 至阿尔勒约 7.1 欧元，至艾克
    斯约 13.9 欧元，至马赛约 20
    欧元

旅游咨询

阿维尼翁旅游局游客服务中心

可提供旅游咨询、地图索取、
住宿、餐厅、租车、行程规划、订
票和节庆等服务，旺季时亦可事先
询问何处尚有空房。

🏠 41, Cours Jean Jaurès
    BP 8

🚌 从阿维尼翁市区火车站步行前
    往，3~5 分钟可达

☎ 04 3274 3274

🌐 www.avignon-tourisme.
    com

精华景点

教皇宫
(Palais des Papes)

🏠 6, Rue Pente Rapide Charles Ansidei

🚶 从游客服务中心步行前往，8~10分钟可达

☎ 04 9027 5000

🌐 www.palais-des-papes.com

❗ 参观时可免费使用9种语音导览（含中文），可使用阿维尼翁护照（Avignon Passion）

必游之地
MUST-VISIT PLACES

　　在法国大革命期间，这里的内部摆设几乎被洗劫一空，如今从宽阔挑高的会议厅与教皇卧室天花板的精雕细琢，可见当年的冠盖云集。参观重点包括中庭（Cour d'Honneur）、教皇世代相传的地下珠宝室（The Lower Treasury Hall）、大金库（Grande Trésoreriel）、绘有精彩壁画的圣约翰礼拜堂（Chapelle Saint-Jean）和圣马丁礼拜堂（Chapelle Saint-Martial）、教皇寝宫（Chambre du Pape），以及克雷蒙六世的书房雄鹿室（Chambre du Cerf）、隆河葡萄酒精品店等。

圣母院 (Cathédrale Notre Dame des Doms)	⌂ Place du Palais Cathédrale
	🚊 从游客服务中心步行，8~10 分钟可达
	🕐 11:00-18:00
	☎ 04 9086 8101
	¥ 门票免费

星级推荐

　　从教皇宫出来后，沿着右侧的斜坡路往上走，就可抵达建于 12 世纪的圣母院。虽然上坡路走得有点辛苦，但是道路两旁种满香花，弥漫着甜美芬芳，所以并不会感到疲惫。圣母院有一座小小的美术馆（Musée du Petit Palais），收藏了中世纪与文艺复兴时期的画作及阿维尼翁当地的手工艺品。

圣贝 内泽桥 (Le Pont Saint-Bénézet)	⌂ 6, Rue Pente Rapide Charles Ansidei
	🚊 从游客服务中心步行前往，12~15 分钟可达
	☎ 04 9027 5116
	🖥 www.palais-des-papes.com
	❗ 可使用阿维尼翁护照（Avignon Passion）
	● 隆河游船
	⌂ Allées de l'Oulle
	☎ 04 9085 6225
	🕐 4—6 月和 9 月每天 15:00 和 16:15 出发，7—8 月 14:00-18:00 每整点出发
	¥ 纯粹搭乘游船（不含餐点），全票 25~29 欧元。另有含餐点的套装游程可供选择
	🖥 www.mireio.net

　　这座桥因法国民谣《在阿维尼翁桥上》（Sur le Pont d'Avignon）而闻名，传说牧羊人贝内泽受到神的启示，终其一生建造这座桥连接两岸造福居民。桥梁未断之前有 22 个拱门，后因 1668 年隆河泛滥冲毁仅剩一小段，桥上还残留着祭祀贝内泽的圣尼古拉斯礼拜堂（Chapelle St.Nicolas）。每年 4—9 月隆河（Le Rhône）畔有游船行程，上船处位于 Porte St.Dominique 城门附近，行经景点包括圣贝内泽桥、岩石公园（Rocher des Doms）和教皇宫，再掉头经过隆河彼端的维尔纽（Villeneuve-lez-Avignon），最后返回阿维尼翁。船程约 45 分钟至 1 小时。

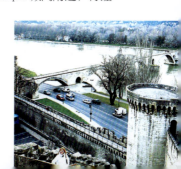

普罗旺斯印花店 (Souleiado)

🏠 5, Rue Joseph Vernet
🚌 从游客服务中心步行前往，3~5 分钟可达
☎ 04 9086 4767
🕐 周一至周六 10:00–12:00，14:30–19:00
¥ 桌巾 8.9~31.6 欧元
🛍 www.souleiado.com

星级推荐

　　普罗旺斯印花布虽然称不上时尚流行，对喜欢田园风光的人来说，却有着难以抗拒的吸引力。拥有 200 年历史的普罗旺斯印花店（Souleiado），在法国、欧洲、美国和日本都设有分店，尤其位于阿维尼翁不远处的塔拉斯孔（Tarascon），还有开放让人参观制作过程及技术的博物馆。该店强调运用天然花卉颜料制作美丽的花布，来到这里可买到各种尺寸和样式的衣服、餐巾、桌布、袋子等，同时也有普罗旺斯染印的杯子、瓷器等相关物品可供选购。普罗旺斯花布多半采用全棉材质，价格依照尺寸大小而有所不同。

住在阿维尼翁

欧洲饭店
Hôtel l'Europe ⭐⭐⭐⭐⭐

🏠 12, Place Crillon

🚌 从游客服务中心步行前往，约8 分钟可达

☎ 04 9014 7676

💴 依房型和淡旺季不同 175~820 欧元

🌐 www.heurope.com

　　该店原是 16 世纪的贵族豪宅，内部价值连城的古董和绘画装饰，为酒店增添了无与伦比的高贵气派。101 号房因为拿破仑的入住，更是经常受到客人询问。

玛瑞达饭店
Hotel de La Mirande ⭐⭐⭐⭐⭐

🏠 4, Place de l'Amirande

🚌 从游客服务中心步行前往，8~10 分钟可达

☎ 04 9014 2020

💴 依房型和淡旺季不同 310~1 240 欧元

🌐 www.la-mirande.fr

　　饭店使用 18 世纪的家具与装潢，墙上贴着细致壁纸，上面绘制普罗旺斯独特的花卉虫鸟图案，建议尝试一下这里的下午茶或晚餐。

圣路易斯宾馆
Cloître Saint Louis
⭐⭐⭐⭐

🏠 20, Rue du Portail Boquier

🚌 从游客服务中心步行前往，约1 分钟可达

☎ 04 9027 5555

💴 依房型和淡旺季不同 55~105 欧元

🌐 www.cloitre-saint-louis.com

伊诺酒店
Hôtel Innova ⭐

🏠 100, Rue Joseph Vernet

🚌 从游客服务中心步行前往，约1 分钟可达

☎ 04 9082 5410

💴 依房型和淡旺季不同 46~80 欧元

🌐 www.hotel-innova.fr

阿尔勒

　　阿尔勒位于法国东南部，距离马赛约 72 千米。公元 46 年，在凯撒大帝的通知下，阿尔勒成为退伍军人定居的城市。10 世纪，成为勃艮第的都城。1888—1889 年，凡·高旅居于此，创作出不朽的作品。

　　阿尔勒市被隆河 (Le Rhône) 一分为二，城里城外到处是古罗马时代的建筑遗址。每年从复活节开始到 9 月的斗牛节是这里的重要节庆，为阿尔勒增添了几许活泼气息。走访这座城市，可以发现凡·高的足迹无所不在，这座城市因为凡·高而布满传奇色彩。1888 年，凡·高离开巴黎来到阿尔勒，这片阳光普照、充满生命力的村庄，不但激发了凡·高的创作渴望，也让他留下为数可观的旷世佳作，其中最著名的当属《星空》与《向日葵》。

阿尔勒交通

如何到达——飞机

从巴黎可搭乘飞机到达阿尔勒（Aéroport Nîmes-Alés Camargue-Cévennes）机场，飞行时间约 1 小时 10 分钟。

☎ 04 6670 4949

🖰 www.nimes-aeroport.fr

从机场到市区

市区位于机场东南方约 20 千米处，目前尚无专线公共交通工具往返，需搭出租车前往。

¥ 出租车 45~60 欧元

如何到达——火车

从巴黎市区的里昂车站可搭 TGV 直达阿尔勒火车站（Gare Arles），车程约 3 小时 50 分钟，每天约 2 班。

从阿维尼翁市区火车站可搭火车直达阿尔勒火车站，车程约 18 分钟，每天约 20 班。

从马赛的圣查理火车站可搭火车直达阿尔勒火车站，车程 43~60

分钟，每天约 24 班。

🌐 www.sncf.com

从火车站到市区

从 Gare SNCF 巴士站（位于火车站左前方）可搭乘小明星（Starlette）白色小巴进入市区，欲前往游客服务中心可在克列孟梭（Clemenceau）站下车。时刻表请于站牌处查询，平日见蓝色表格，逢寒暑假和春假、圣诞节期间，班表将更动，见橘色表格。1 月 1 日、5 月 1 日和 12 月 25 日停班。亦可至游客服务中心索取巴士时刻表。

从拉马丁（Lamartine）巴士站（位于车站前方拉马丁广场）可搭乘市区巴士进入市区，欲前往游客服务中心同样至克列孟梭站下车。时刻表可于站牌处查询，如遇假期变动时间请见橘色表格，1 月 1 日、5 月 1 日和 12 月 25 日停班。同样可至游客服务中心索取巴士时刻表。

💴 0.8 欧元

步行

从火车站步行进市区，约 30 分钟可达游客服务中心。

如何到达——巴士

可从阿维尼翁搭巴士前往，车程约 1 小时 30 分钟。

💴 7.1 欧元

从巴士站到市区

🏠 24,Blvd.Georges Clemenceau

🚌 巴士站即位于市区游客服务中心西方

☎ 09 1000 0816

市区交通

步行

阿尔勒市区内虽有巴士，但大部分景点皆徒步可达。

巴士

如仍要搭乘巴士，可至游客服务中心索取巴士时刻表。

出租车

☎ 04 9096 9003

旅游咨询

阿尔勒旅游局游客服务中心

可提供旅游咨询、地图索取、订房、餐厅、租车、行程规划、订票和节庆相关旅游信息。旅游局的游客服务中心有两处，一处位于火车站内，另一处位于市区。

☎ 04 9018 4120

🌐 www.tourisme.ville-arles.fr

精华景点

罗马剧场
(Théâtre Antique)

- 从游客服务中心步行前往，5~8 分钟可达
- ☎ 04 9096 9330
- ¥ 门票全票 3 欧元、半票 2.2 欧元。可使用古迹通行证 (Passport Avantage) 或罗马古迹通行证 (Pass Mouments Arelate)。闭馆前半小时停止售票

星级推荐

　　进入罗马剧场前，会先走过一片公园绿地 (Jardin d'Ere)，公园里竖立着凡·高纪念雕像，而剧场的入口就藏身在花园小径之中。罗马剧场原来是堡垒，历史可追溯到公元前 1 世纪，直径长达 102 米，后来石材被拆解作为其他建物之用，目前仅存两根古罗马柱，被当地人戏称为"两寡妇"（Les deux Veuves）。这里现在成为阿尔勒节庆的举行地点，特别是仲夏之夜，经常举办露天音乐会，在没有屏障的星空下聆听演奏是种很特别的享受。

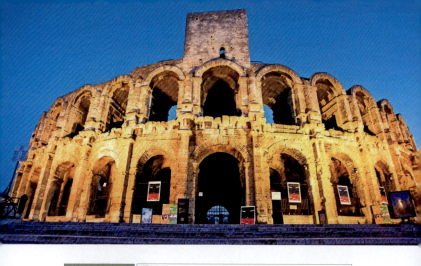

罗马 竞技场 (Arènes d'Arles)	⌂ Rond-pont des Arènes
	🚶 从游客服务中心步行前往，约 8 分钟可达
	☎ 04 9096 0370
	🕐 3—4 月和 10 月 9:00-17:30，5—9 月 9:00-18:00，11 月至次年 2 月 10:00-16:30
	¥ 门票全票 5.5 欧元、半票 4 欧元，持票可再参观康斯坦丁浴场。可使用古迹通行证或罗马古迹通行证
	🌐 www.arenes-arles.com

　　罗马竞技场是普罗旺斯地区保存最完整的古罗马遗迹，由两层楼、50 座拱门所组成，这座法国最大的竞技场最多可容纳 2 万人，夏季有斗牛表演，攀上最高楼层，能够俯瞰阿尔勒的市容。若想拍摄出彩的照片可以选择清晨光线比较好的时间来此。

圣托菲姆 教堂及 回廊 (Église St.- Trophime et Cloître)	⌂ St.-Trophime Cloister
	🚶 从游客服务中心步行前往，3~5 分钟可达
	☎ 04 9049 3353
	¥ 门票全票 3.5 欧元、半票 2.6 欧元。可使用罗马古迹通行证 (Pass Mouments Arelate)

　　圣托菲姆教堂的外观是仿罗马式建筑，正门雕刻着《最后审判》的圣徒与使者。穿过厚重的大门，就来到静谧的圣托菲姆回廊，回廊里最著名的是柱头的装饰浮雕，每一根石柱上都有雕刻精细的人像。

共和广场
(Place de la République)

🏠 Place de la République
🚌 从游客服务中心步行前往，约 3 分钟可达

共和广场建于 15 世纪，最醒目的就是广场中的方尖碑 (Obélisque)，以土耳其花岗岩料制成，原位于罗马战车剧场 (Cirque Romain)，17 世纪才移来此处，是珍贵的古罗马遗迹。前方的市政厅 (Hôtel de Ville) 建于 17 世纪，可欣赏到立面典雅细腻的石雕，最重要的是圣托菲姆教堂与回廊 (Église St.-Trophime et Clôtre)，可见到《最后审判》的雕刻。

阿尔勒公园
(Jardin d'Été)

🚌 从游客服务中心步行前往，约 3 分钟可达
☎ 04 9049 3636

阿尔勒公园里总有轻松漫步的人们，还有天真的儿童不时传出欢乐嬉笑声，一隅绿墙便将市区的喧嚣嘈杂隔绝在外，恍若另一番时空。公园内还竖立着凡·高纪念碑，吸引了许多印象派朝圣者来此一游。

凡·高咖啡馆 (Café Van Gogh)	🏠 11, Place du Forum 🚌 从游客服务中心步行前往，约 5 分钟可达 ☎ 04 9096 4456 🕘 9:00–24:00

  凡·高在这家咖啡馆先后画了室内与室外的作品，包括《夜晚露天咖啡座》，用黄澄澄的灯光与深蓝的夜空形成对比效果，这种在夜间画人工照明的户外写生是凡·高所独创。经过后人特意修饰与模仿，这家咖啡馆的模样仿佛就停在当年那段时空里。用你的相机去拍摄与大师作品相同角度的咖啡馆，也是件非常有趣的事情。

石棺公园 (Les Alyscamps)	🚌 从游客服务中心步行前往，约 10 分钟可达 ¥ 全票 3.5 欧元、半票 2.6 欧元，简介每份 3 欧元。 可使用古迹通行证或罗马古迹通行证

  "为帝国牺牲的英雄大道"是当时设立石棺公园的用意。然而，这座在希腊、罗马时期创立的公园，到了 4 世纪，才因来自阿尔勒的基督教殉道修士圣尼斯特 (Saint Genest) 安葬于此而开始吸引欧洲各地的朝圣者纷纷环绕着圣尼斯特埋葬，以寻求殉道者的保护，让这个石棺公园在 5 世纪之后，成为基督教世界的重要朝圣起点。少了一般墓园的阴森灰暗，参天的林木让石棺公园拥有闹中取静的清幽，甚至成为浪漫的散步大道，凡·高、高更都曾到此取景写生，因此也吸引了印象派爱好者前来，一探前人的创作景致。

马赛

　　马赛是法国第二大城市、第三大都会区，是法国最大的商业港口，也是地中海地区最大的港口。这座城市有 2 500 年的历史，是法国最古老的城市，也是法国的第一座城市。

　　《基度山伯爵》的作者——法国大文豪大仲马，曾形容马赛是"全世界汇聚的地点"。事实也的确如此，这是一个典型的港口城市，充斥着各种文化的混血，有流浪水手、毒枭、走私者、度假富豪。而阴暗的 18 世纪巷道与拜占庭式的华丽建筑，则让马赛弥漫着堕落邪恶的奇异美感。

马赛交通

如何到达——飞机

从巴黎可搭飞机前往马赛普罗旺斯机场（Aéroport Marseille Provence），飞行时间约 1 小时 15 分钟。

☎ 04 4214 1414

🖥 www.marseille.aeroport.fr

从机场到市区

市区位于机场东南方约 28 千米处，可搭接驳巴士前往市区圣查理火车站。

🕐 6:10－22:50，约每 20 分钟 1 班，车程约 25 分钟

💴 全票 8.5 欧元、半票 5 欧元

如何到达——火车

从巴黎市区的里昂车站可搭 TGV 直达马赛圣查理火车站，车程约 3 小时 10 分钟，每天约 16 班。

从巴黎夏尔·戴高乐机场可搭 TGV 直达马赛圣查理火车站，车程约 3 小时 47 分钟，每天约 1 班。

从阿维尼翁 TGV 车站可搭 TGV 直达马赛圣查理火车站，车程约 35 分钟，每天约 14 班。

从阿尔勒火车站可搭火车直达马赛圣查理火车站，车程 44～58 分钟，每天约 25 班。

从戛纳火车站可搭火车或 TGV 直达马赛圣查理火车站，车程约 2 小时，每天约 15 班。

🖥 www.sncf.com

如何到达——巴士

可从阿维尼翁搭巴士前往，车程约 2 小时；或从戛纳搭巴士前往，车程约 2 小时。从阿维尼翁至马赛约 20 欧元，从戛纳至马赛约 23.5 欧元。

从火车站、巴士站到市区

马赛圣查理火车站和巴士站即位于市区，可搭地铁、电车和巴士前往各点。

市区交通

地铁、巴士、电车

马赛市区有两条地铁线，另有约 80 线的巴士和 2 线电车，大部分景点步行或地铁即可达。

💴 单程每人 1.5 欧元（1 小时内可合并地铁、巴士和电车使用）、团票 0.78～1.13 欧元，也可购买磁卡（Carte Libertés）10 次 12 欧元，以及 1 日券 5 欧元、3 日券 10.5 欧元

🖥 www.rtm.fr

出租车

Groupement Taxis Tupp Radio

☎ 04 9105 8080

🌐 www.taxis-tupp.com

优惠票券

交通优惠券

因为马赛多数景点集中，靠步行可达，需搭乘交通工具的景点建议安排在同一天，如此购买磁卡或1日券应已足够；亦可依行程安排考虑购买城市护照（详情见下）。

🏠 可在各地铁站、圣查理火车站、游客服务中心，或贴有 RTM 商标的商店购买

磁卡

可搭乘 10 次。

💰 每张 12 欧元

RTM 交通券

可在期限内不限次数搭乘地铁、巴士和电车，分1日券和3日券。

💰 1日券5欧元、3日券10.5欧元

城市护照

🏠 可至游客服务中心购买

☎ 04 9113 8900

💰 1日券22欧元、2日券29欧元

大巴士城市之旅

🏠 从马赛码头出发，可在出发点、巴士上和游客服务中心购票

☎ 04 9191 0582

💰 依淡旺季和假日班表不同，1日券全票18欧元、半票8~15欧元，2日券全票20欧元、半票8~15欧元。使用城市护照可享折扣

🌐 www.marseillelegrand tour.com

小火车之旅

分成2条路线，1号线通往圣母守望院，2号线游览旧城区，行程各约1小时。

🏠 从马赛码头出发，可在出发点、小火车上和游客服务中心购票

☎ 04 9125 2469

💰 全票6欧元、半票4.5欧元，可使用城市护照

🌐 www.petit-train- marseille.com

旅游咨询

马赛旅游局游客服务中心

🏠 4, La Canebière

🚇 搭地铁1号线于"老港（Vieux-Port）"站下，出站即达

☎ 04 9113 8900

🕐 周一至周六 9:00-19:00，周日和假日 10:00-17:00

🌐 www.marseille- tourisme.com

精华景点

圣维克多修道院
(Abbaye Saint Victor)

- 🏠 3, Rue de l'Abbaye
- 🚇 搭地铁 1 号线于老港站下，步行约 20 分钟可达
- ☎ 04 9611 2260
- 🕐 9:00-19:00
- ¥ 修道院门票免费、地下墓室 2 欧元，12 岁以下儿童免费
- 🔒 www.saintvictor.net

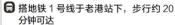

星级推荐

从守望院下来后可以到圣维克多修道院拍摄马赛最美丽的宗教建筑，它的外观像个堡垒，曾毁于入侵的撒拉逊人之手，在 11 世纪与 14 世纪再度修复。每年 2 月 2 日信徒会来此朝圣。同时还推荐前往马赛旧河岸边的圣尼古拉堡垒登高望远，可以把对岸的圣贞堡垒、马赛旧港和旧城景致一网打尽。

马赛码头
(Vieux Port)

- 🚇 搭地铁 1 号线于老港站下，出站即达
- ● 旧河岸
- 🕐 港口免费接驳船 8:00-13:00、13:30-17:00，约 10 分钟 1 班

必游之地 MUST-VISIT PLACES

马赛码头岸边林立着各式咖啡馆、餐厅和饭店，港口提供免费接驳船往返旧河岸和新河岸之间，这里也是马赛观光小火车和观光巴士的上车处，同时还是坎内比耶大道的起点位置，参观完码头风光后可以沿着这条大道继续游览。

圣母守望院
(Notre-Dame de la Garde)

🚌 于康斯让巴拉德（Cours Jean Ballard）搭巴士 60 号于最后一站下车，车程约 10 分钟
☎ 04 9113 4080
🕐 冬季 7:30–17:30，夏季 7:00–19:00
💴 免费
🏠 www.notredamedelagarde.com

圣母守望院位于马赛最高处，属于新拜占庭建筑风格，建于 1148 年，高约 155 米，上面还有一座 46 米高的钟楼，贴有金箔的圣母像矗立其上。从大门进入，首先是僧侣的宿舍，里面约有 30 名僧侣。走东边的阶梯进入教堂，里面有许多祈祷航海平安的模型船，墙壁上还有精致画作，以及留存着第二次世界大战时期，德军与盟军交火的枪弹痕迹。从圣母守望院可以俯瞰整个市容，绝对不要错过这个视野极佳的景点。

坎内比耶大道
(La Canebière)

🏠 La Canebière
🚇 搭地铁 1 号线于老港站下，出站即达

该大道早期以制绳闻名，现在对游客而言，轻松地走在宽阔的街道，感受现代欧洲的悠闲气氛，感觉更为惬意。两侧鳞次栉比的建筑建于 18—19 世纪，也是不可错过的拍摄景象。

马赛肥皂店
(Au Savon de Marseille)

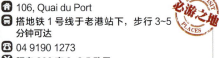

- 🏠 106, Quai du Port
- 🚇 搭地铁 1 号线于老港站下，步行 3~5 分钟可达
- ☎ 04 9190 1273
- 💴 肥皂 300 克 2~3.5 欧元
- 🌐 www.savondemarseille.com

必游之地
MUST-VISIT PLACES

马赛肥皂的外形四四方方，没有过多包装，外缘甚至切割得不太工整，但它是必买的马赛伴手礼。传统的马赛肥皂只由两种原料制成——橄榄油与棕榈油，前者外观为绿色，后者为白色，很好分辨。不论何种成分皆保湿滋润、自然舒适，连婴儿使用也不伤肌肤。

位于旧港边的马赛皂之家（Savon de Marseille）是当地最有名的马赛肥皂店，有些肥皂上标示着重量，固定的 72% 则代表含油量。马赛肥皂强调以手工制成，没有香味，至少要 10 个工作日才能完成，但价格并不贵。此外店内也有一些漂亮鲜艳、香气扑鼻的肥皂，但都不是真正传统的马赛肥皂，内行人千万别买错。

隆夏宫
(Palais Longchamp)

- 🏠 Blvd. Longchamp
- 🚇 搭地铁 1 号线、巴士 81 号或电车 2 号线，于隆夏第五大道（5 Avenues Longchamp）站下，步行约 5 分钟可达
- ☎ 04 9155 2551
- 💴 花园免费，自然历史博物馆全票 3 欧元、半票 1.5 欧元，可使用城市护照

星级推荐
PLACES

充满华丽宫廷风格的隆夏宫主体从两边各延伸出一段回廊，回廊连接的侧翼建筑，目前分别为马赛美术馆和自然历史博物馆；后方还有花园广场，提供露天咖啡以及小火车、骑马等娱乐设施。

紫杉堡
(Château d'If)

🚢 可于马赛码头搭乘船前往紫杉堡

☎ 04 9159 0230

💴 船资往返 10 欧元（如要再参观中途停靠的弗留利岛（Iles du Frioul）则 15 欧元），4 岁以下免费。紫杉堡门票全票 5 欧元、半票 3.5 欧元，18 岁以下免费。船资和门票皆可使用城市护照

🏠 www.frioul-if-express.com

必游之地 MUST-VISIT PLACES

　　紫杉堡是位于马赛西南方 3.5 千米外的小岛，本来为提供炮兵驻守而建，但始终未成为军事用地。后作为监狱，囚禁重要的政治犯。让这个小岛不朽的是法国大文豪大仲马的著名小说《基度山伯爵》，这部以马赛为故事发生地的小说，其中的男主角即监禁在此处，所以岛上的监狱还刻意仿故事内容，设计两间相邻的囚室，并有一条秘密通道穿过墙壁。当你站在塔顶，聆听着海鸥叫声、呼啸风声与潮水拍岸声响时，仿佛重回小说情境。

艾克斯

　　这座拥有林荫大道、喷泉、薰衣草的中世纪古城，吸引了众多艺术家的到来，如塞尚、凡·高、莫奈、毕加索、夏卡尔、费兹杰罗、赫胥黎等，彼得·梅尔创作的《山居岁月》将普罗旺斯推向了巅峰。

　　艾克斯是普罗旺斯原来的首府，有千泉之都的美誉。每个广场、街角甚至是私人庭院都有喷泉，光是公共喷泉就有 40 多座。然而，今日它的名气多来自天才画家塞尚的经典名画。艾克斯旅游局也规划了两条跟随大师足迹的行程：一是在旧城区漫步，参观塞尚的出生地、学校及故居；另一条是开车行程，参观地点是塞尚最爱描绘的圣维克多山。

艾克斯交通

如何到达——飞机

从巴黎可搭飞机抵达马赛普罗旺斯机场（Aéroport Marseille Provence），飞行时间约1小时15分钟。

☎ 04 4214 1414

🌐 www.marseille.aeroport.fr

从机场到市区

从机场可搭接驳巴士前往市区巴士站（车行约30分钟）或艾克斯TGV车站（车行约10分钟），可于车上购票。

☎ 04 4293 5913

🕐 5:00至次日0:15，每半小时1班

¥ 1.1欧元

如何到达——火车

从巴黎市区的里昂车站可搭TGV直达艾克斯TGV车站，车程约3小时，每天约14班。

从巴黎夏尔·戴高乐机场可搭TGV直达艾克斯TGV车站，车程约4小时，每天1～4班。

从马赛圣查理火车站可搭火车直达艾克斯市区火车站，车程约33～46分钟，每天约42班。

从阿维尼翁TGV车站可搭TGV直达艾克斯TGV车站，车程约20分钟，每天约10班。

从戛纳火车站可搭TGV直达艾克斯TGV车站，车程约2小时，每天约6班。

🌐 www.sncf.com

从火车站到市区

艾克斯有两个火车站，一个是艾克斯市区火车站，步行即可进入市区；另一是艾克斯TGV车站，位于市区西方约8千米处，可搭乘接驳巴士前往市区，车程约20分钟，可于车上购票。

☎ 04 4293 5913

🕐 5:40-0:55，15～30分钟1班

¥ 1.1欧元

如何到达——巴士

可从马赛搭巴士前往，车程约35分钟，班次频繁，周一至周六每10分钟1班、周日每20分钟

1班；或从阿维尼翁搭巴士前往，车程约1小时，每天约6班；或从阿尔勒搭巴士前往，车程约1小时45分钟，每天约5班。从马赛至艾克斯约4.4欧元，从阿维尼翁至艾克斯约13.9欧元，从阿尔勒至艾克斯约10欧元。

从巴士站到市区

步行即可进入市区。

市区交通

步行

艾克斯市区内虽有巴士，但大多数景点步行可达。

巴士

部分景点可搭巴士前往，艾克斯市区内有14线巴士和3线迷你巴士。在游客服务中心设有询问柜台。

💴 单程1.7欧元、10张7.7欧元、1日券3.5欧元，可在车上购票

出租车

Taxi Radio Aixois
☎ 04 4227 7111
Taxi Mirabeau
☎ 04 4221 6161

自行车

这个迷人的城市很适合骑单车旅游。可在当地租借自行车。

优惠票券

艾克斯城市护照

持护照可获得4处景点门票折扣、参加艾克斯导览之旅和小火车之旅、塞尚画室（Atelier Paul Cézanne）、近郊的塞尚故居（Musée Atelier de Cézanne）和格哈内博物馆（Musée Granet）的免费导览行程。

🏠 可在游客服务中心、塞尚画室和 The Jas de Bouffan 购买
💴 15 欧元

艾克斯观光签证

参观博物馆、疗养中心（Thermes Sextius）和看秀可享折扣，参加艾克斯导览之旅5折优惠。

🏠 可在游客服务中心购买
💴 2 欧元

旅游咨询

艾克斯旅游局游客服务中心

可提供旅游咨询、地图索取、住宿订房、餐厅、租车、行程规划等服务。

🏠 2, Place du Général de Gaulle
🚆 从艾克斯市区火车站步行前往，约8分钟可达
☎ 04 4216 1161
🌐 www.aixenprovencetourism.com

精华景点

圆亭喷泉
(Fontaine de la Rotonde)

🏠 Fontaine de la Rotonde, 13100 Aix-en-Provence

🚇 从艾克斯市区火车站步行前往，约8分钟可达

🕐 全天

💴 免费

圆亭喷泉是艾克斯最大的喷泉，位于圆亭广场上，在它周围的林荫大道呈放射状往外延伸，圆形的池子上装饰着天使骑天鹅，以及狮子和天鹅的青铜雕像。喷泉最上方矗立着3座大理石雕像，分别象征正义、艺术与农业。

格哈内博物馆
(Musée Granet)

🏠 Place St.-Jean de Malte

🚇 从游客服务中心步行前往，约8分钟可达

☎ 04 4252 8832

💴 门票全票4欧元、半票2~3欧元，18岁以下免费。闭馆前1小时停止售票。每月第一个周日免费。

🖱 www.museegranet-aixenprovence.fr

格哈内博物馆前身为圣吉姆教堂，塞尚常常到这里研习绘画技巧，现在博物馆中就收藏了9幅塞尚的画作。除了塞尚作品，馆内还展示了格哈内个人的收藏以及其他画家的作品。

米哈博林荫大道
(Cours Mirabeau)

🏠 Cours Mirabeau, 13100 Aix-en-Provence
🚌 从游客服务中心步行前往，约 1 分钟可达
🕐 全天
💰 免费

　　由两排法国梧桐树构成的米哈博林荫大道，走起来非常舒服，大道北侧的特色餐厅、咖啡馆和酒吧林立，道路南侧则是 18 世纪的豪宅。艾克斯身为原普罗旺斯首府的气派在这条林荫大道上显露无遗。

塞尚故居
(Musée Atelier de Cézanne)

🏠 55, Cours Mirabeau
🚌 从游客服务中心步行前往，约 5 分钟可达
🕐 2—9月10:00-18:00，10月至次年 3 月10:00-17:00
💰 5.5 欧元

　　保罗·塞尚 (Paul Cézanne) 于 1839 年出生于艾克斯，是后期印象派的重要成员，堪称是 20 世纪绘画、艺术理论的现代启蒙导师。塞尚故居就位于宽阔美丽的林荫大道上，这里是艾克斯的高级地段，因为塞尚的父亲生财有道，所以才能在这里置产。隔壁有家豪华的咖啡馆——双叟咖啡馆 (Café des Deux Garçons)，塞尚常在此消磨时间。

双叟咖啡馆
(Café des Deux Garçons)

🏠 53, Cours Mirabeau
🚌 从游客服务中心步行前往，约5分钟可达
☎ 04 4226 0051

　　建于1792年的双叟咖啡馆位于塞尚故居旁，曾经这里因为塞尚、左拉（Zola）经常造访而声名大噪，时至今日依然广受欢迎。馆内装潢精雕细琢，楼上有个爵士钢琴酒吧。不过天气好的时候，大家还是喜欢坐在露天咖啡座，高人气让它成为米哈博林荫大道上的风景之一。

塞尚画室
(Atelier Paul Cézanne)

🏠 53, Cours Mirabeau
🚌 从游客服务中心步行前往，约5分钟可达
☎ 04 4226 0051

　　这里是塞尚最后的工作室，迄今仍维持旧貌，丘比特雕像与水果石膏放置在桌上，用剩的油彩画笔仍然搁置着，帽子大衣也挂在衣物间，仿佛主人未曾远离。目前画室内有专人随时提供免费法文讲解导览，英文则每日一场于固定时间开讲。参观完画室，别忘了到花园走走，去追寻大师曾经在此的创作灵感。

艾克斯旧城区
(Vieux Aix-en-Provence)

🏠 53, Cours Mirabeau
🚌 从游客服务中心步行前往，约 5 分钟可达
☎ 04 4226 0051

旧城区位于米哈博林荫大道以北，传统市场、大学、教堂、纪念品店等将旧城区装点得生机盎然，是艾克斯的主要观光路线。旧城区以市政厅广场为中心，位于广场一角的钟楼上面有座天文时钟，钟楼上的雕像代表四季。市政厅喷泉则是艾克斯最具特色的喷泉。在市政厅广场上，每逢假日都有音乐演奏会，在周二、周四、周六早上也有市集，现场摆满了各式蔬果、花草、香料、奶酪和手工编织物。

蒙彼利埃

　　蒙彼利埃是一座位于法国南部的城市，由于全年日照充足，被称为"阳光之城"。"这个城市的太阳永远不西沉"，朗格多克—鲁西永区的首府蒙彼利埃大胆地将这句标语标示在宣传手册上，昭告全世界，意喻在法国西南角的这座大学城，纵使太阳下山，热力四射的青春也能点亮整座城。

　　作为法国第八大城市蒙彼利埃的大学城名声由来已久，城内有多所大学和多达 10 家的语言学校，境内拥有 7 万多名学生（占全市总人口 30％）。此外，这里的医疗教学机构是西方世界现存最古老的医学院，迄今仍在教学岗位上，并开放供游客参观。

蒙彼利埃交通

如何到达——飞机

从巴黎夏尔·戴高乐机场到蒙彼利埃飞行时间约 1 小时 10 分钟，从机场到市区有接驳车往返，车程约 15 分钟。

如何到达——火车

从巴黎里昂车站搭 TGV 子弹列车直达圣洛克（Saint Roch）车站，约 3 小时 15 分钟。

如何到达——自驾

走 A9 公路，在 28、29、30、31、32 等出口皆可到达蒙彼利埃，或走 A75 公路转 N109/E11 公路，跟着吉格纳克（Gignac）/蒙彼利埃的标志前行。

市区交通

巴士

巴士路线有 30 条，可覆盖市区和市郊的城镇。

电车

市区交通以电车为主，共有两条路线，1 号线有 28 个车站，可横跨整个市区，2006 年年底开通的 2 号线，则停靠 35 个站。

旅游咨询

蒙彼利埃旅游局游客服务中心

🏠 30 allée Jean De Lattre De Tassigny,34000 Montpellier

🕐 周一至周五 9:00-19:30，周六 9:30-18:00，周日及假日 9:30-13:00、14:30-18:00

☎ 04 6760 6060

🌐 www.ot-montpellier.fr

精华景点

剧院广场
(Place de la Comédie)

- 🚇 搭电车 1 号线喜剧片（Comédie）站下，步行可达
- 🕐 全天
- 💴 免费

这座 18 世纪打造的剧院广场，规模之大，在欧洲数一数二。这里的地面以红线与周边车行道路隔开来，圈出一块直径 300 米的椭圆区块。广场上人潮川流不息，不时穿插街头艺人的悠扬乐声，中间有座三女神雕像。广场一头是家老剧院（L'Opéra Comédie），该剧院以 19 世纪最流行的意大利风格打造，内部绘画富丽堂皇，一楼可开放团体品酒，其他时候多上演歌剧等经典表演，同时收藏着三女神雕像的真品。每年年初，市政府会邀请小朋友一起来画三女神雕像。

蒙彼利埃旧城区
(Ecusson)

- 🏠 1 Rue de la Barralerie 34000 Montpellier
- 🚇 从剧院广场步行即可到达
- 🕐 全天
- 💴 免费

居民永远年轻的蒙彼利埃，建筑回廊却奠基在悠久的历史之上。这座城市创立于公元 1000 年前后，从德拉罗戈街（Rue de la Loge）往下走，沿着让穆兰大道（Grand Rue Jean Moulin）一带，街道建筑皆有数百年历史，碎石铺成的路面两侧是一间间个性小店，开在中世纪的石砖建筑里，营造出风雅的氛围。蒙彼利埃距离地中海仅 11 千米，拥有新鲜海产和温暖气候。17、18 世纪时，许多富贾贵族在此兴建住所，其中包括剧作家莫里哀。1789 年爆发法国大革命，多数贵族不是被剥夺爵位，就是被送上断头台，徒然留下了这些豪宅和回忆。

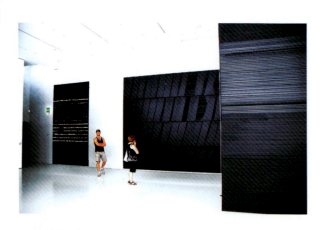

法布尔美术馆 (Musée Fabre)	🏠 13 rue Montpelliéret, 34000 Montpellier ☎ 04 6714 8300 💴 6 欧元，每个月第一个周日免费 🔗 museefabre.montpellier-agglo.com

星级推荐

　　法布尔美术馆收藏了 15—20 世纪以来的法国、佛兰德斯、荷兰、意大利、德国等国家地区的珍贵画作艺术品。不仅 800 多件展示出来的收藏品经过细心地清洗和修复，博物馆建筑和展场空间也极具可看性。

尼姆 (Nîmes)	🚆 从巴黎搭 TGV 子弹列车，可直达尼姆 车站，车程约 2 小时 50 分钟 ☎ 04 6658 3800 🔗 www.ot-nimes.fr

星级推荐

　　罗马帝国领土扩张时，尼姆被罗马人接手治理后，圆形竞技场、泉水庭院、卡利神殿一样不少。罗马人在 1 世纪时从罗马开了一条公路到西班牙，也途经尼姆。其中，最令人叹为观止的罗马遗迹，是位于尼姆郊区的嘉德水道桥。外观优雅的嘉德水道桥，是古罗马水道桥中最高的一座，由上中下 3 层共 49 座圆拱组成。上层作为引水道之用；中层有步道，人车皆可通行；下层一来可支撑上面两层，二来有阻挡洪水等功能。工程团队运来数百块巨石来打造嘉德水道桥，但石块间完全没有使用黏合材料，纯粹靠工程团队精密的力学计算来切割组合。

卡尔卡松
(Carcassonne)

🚄 从巴黎搭 TGV 子弹列车，在卡尔卡松车站下车
🌐 www.carcassonne.org

　　早在罗马时代，法国西南部的奥德（Aude）河右岸山丘上就有防御工事，但这座庞大的中世纪堡垒城镇，由外而内，有着防御城墙、城市建筑、街道和精致的哥特式教堂，有着独特的历史文化价值。卡尔卡松目前的规模，是 13 世纪十字军东征时所兴建的。现在约有 120 人常居卡尔卡松，城里有多间商店和餐厅，卡尔卡松最有名的风味餐是鸭肉扁豆。